10
30

A MONSIEUR JOYAU,

DÉLÉGUÉ DES ÉTABLISSEMENTS FRANÇAIS DANS L'INDE.

PARIS.

MONSIEUR,

Un mémoire intitulé : «*de M. de Rosière et de la délégation des Établissements français de l'Inde,*» daté de Paris, 1ᵉʳ mai 1843, et signé Joyau, délégué, vient d'arriver à Pondichéry ; de nombreux exemplaires en ont été adressés aux fonctionnaires et habitants de la Colonie, et, par un procédé dont je vous laisse l'appréciation, vous m'en avez officiellement, en ma qualité de Président du Conseil, transmis dix à moi-même, pour être distribués à mes collègues.

Ce mémoire peut être considéré, d'une part, comme un libelle diffamatoire contre mes actes publics et ma vie privée, et d'autre part, comme une protestation inconstitutionnelle et outrageante contre un vote du Conseil général dont vous êtes le mandataire.

Sous le premier rapport, j'aurais pu me contenter de livrer

1843

votre œuvre à la police correctionnelle, qui en eût, assurément, fait promptement justice, et, sous le second, laisser au Conseil lui-même le soin d'obtenir de votre offense la réparation qu'il a droit d'exiger; mais, ne pouvant se réunir hors l'époque, fort éloignée encore, de sa session annuelle, le Conseil était obligé d'ajourner la mesure qu'il eût été convenable de prendre sans retard, et un procès au loin ne m'eût que faiblement justifié dans l'opinion publique. Dans cette position, je me suis déterminé à accepter le combat sur le terrain sur lequel il vous a plu de le porter.

Toutefois, Monsieur, ne croyez pas que ce soit sans hésitation que j'ai pris la résolution de vous répondre; j'éprouvais un sentiment si pénible à me débattre avec vous dans cette fange de calomnies! Il n'a fallu rien moins que la certitude de l'avidité avec laquelle tout ce qui ressemble à du scandale est accueilli sur des rivages où la difficulté d'études sérieuses, l'absence de distractions, le défaut de nouvelles, font considérer un méchant propos comme une bonne fortune pour les causeries du soir; il n'a fallu rien moins que le sentiment profond de la justification que je devrai toujours de tous mes actes aux corps respectables auxquels j'ai l'honneur d'appartenir, pour me contraindre à rompre le silence, et, je le répète, ce silence, je ne le romps qu'à regret.

Ce n'est pas non plus sans scrupules que je livre à l'impression des documents qui, sans être secrets, n'étaient pas destinés à une telle publicité; mais ce que vous avez altéré, falsifié audacieusement, il faut bien que je le rectifie, et l'arme dont vous vous êtes servi pour faire le mal est la seule dont je puisse, à mon tour, me servir pour le réparer.

Je voudrais être bref: je crains de ne pouvoir l'être; car si deux mots suffisent à un mensonge; souvent, à démontrer la fausseté de ces deux mots, plusieurs pages ne suffisent pas! et vous m'en avez donné quarante toutes noircies de calomnies à réfuter!

La fécondité de votre imagination, Monsieur, a rendu, sous un autre point de vue, ma tâche difficile ; l'homme privé, le magistrat, le président du Conseil général, le Conseil lui-même, la Colonie entière, vous confondez tout dans l'expression d'une réprobation commune ; j'essayerai cependant de vous suivre dans ce dédale d'accusations étranges contre un homme auquel jusqu'à ce jour n'ont pas manqué les témoignages de votre estime, et que la liberté qu'il a prise de désapprouver votre gestion comme délégué, vous a tout à coup révélé sous de si noires couleurs.

Le 20 décembre dernier, j'ai proposé au Conseil général d'émettre contre vous un vote de non confiance ; j'étais dans mon droit, comme je le démontrerai plus tard ; le Conseil était dans le sien en adoptant ma proposition ; et si les causes qui ont amené la majorité de mes collègues à vous inviter à déposer un fardeau au-dessus de vos forces, ne sont pas dépourvues de raison et de sens, je ne vois pas comment la mesure prise à votre égard pourrait constituer un si grand crime. Les développements de ma proposition, dans la séance du 28 décembre (développements que vous ne livrerez pas à l'impression, bien que vous osiez en faire la menace, parce qu'il est plus commode de blâmer et de condamner sans que le public connaisse rien et puisse juger par lui-même), vous ont appris les principaux motifs de la décision du Conseil ; en voici quelques autres que, par égard pour votre âge et le caractère dont vous êtes revêtu, ni mes collègues, ni moi, n'avons voulu faire insérer au procès-verbal de nos délibérations ; c'est vous, Monsieur, qui me contraignez de les révéler ici.

Votre correspondance témoigne d'une *manière* de traiter les affaires publiques, que, dans un langage assurément indulgent, on pourrait qualifier d'assez vulgaire commérage. Vous allez en juger. Je lis dans votre lettre du 3o novembre 1841, n° 1.

« 6° *Toiles bleues dites guinées* . . .

. . . .

«Au ministère de la marine, tout le monde est de l'avis du
«Conseil général, même et surtout peut-être les hommes qui ne
«sont que marins. Il y a peu de jours la conversation roula sur
«ce point à une petite soirée du ministre; en sortant, je continuai
«ma conversation avec M. l'amiral Bergeret; et comme il retour-
«nait chez lui, rue du Helder, et que j'allais chez M. l'amiral
«Roussin près la rue Caumartin, nous cheminâmes doucement,
«et causâmes longuement ensemble sur ce qui intéresse Pondi-
«chéry, et spécialement sur la question des guinées; il m'assura
«que tout ce qu'il y avait d'officiers de marine faisait des vœux
«pour nous.»

. . . .

«8° Mon fils Firmin . . .

«Lorsque cette lettre vous parviendra, Monsieur le Président,
«je pense que mon fils aura fait voile pour France : aussi je ne lui
«écris pas; cependant, s'il en était autrement, je vous serais obli-
«gé, aussitôt cette lettre reçue, de lui faire savoir que toute sa
«famille se porte bien, et que Charles est rétabli d'une fièvre
«muqueuse qui l'a retenu au lit pendant vingt jours. Je vous
«prierais également, si ultérieurement on avait des nouvelles du
«navire qui le transportera, soit de Ceylan, soit de Maurice ou de
«Bourbon, de vouloir bien m'en faire part. »

« 9° Frais de correspondance et d'impression.

. . . .

Et dans celle du 5 avril 1842, n° 6.

« Hier, aussitôt votre lettre reçue, je suis entré chez ma respec-
«table voisine Mme de Chatcaufur; elle a été bien souffrante
«de sa goutte et d'une grippe très-violente dont elle se relève à

« peine . . . . . Je n'ai pas encore de nouvelles de l'arrivée *du*
« *Pondichéry* à Bordeaux ; cependant nous n'attendons que Firmin
« pour marier sa sœur Caroline. »

Et dans celle du 4 juin, n° 8.

« Ma fille aînée est mariée à M. Octave Beaumont jeune, mé-
« decin *très-occupé* à Mortagne (Orne). Pressé de revenir ici, j'ai
« laissé à ses frères et à sa bonne belle-mère le soin de la conduire
« à son ménage. Firmin doit arriver demain ou après-demain
« pour *s'y consulter* encore, et donner à sa santé altérée les soins
« nécessaires ; il s'est chargé de faire réimprimer et distribuer à
« Pondichéry nos lettres de part. En attendant, voulez-vous bien
« être mon interprète sur ce point auprès de messieurs vos col-
« lègues et des membres des autorités coloniales. »

Je pourrais multiplier les citations à l'infini ; toute votre correspondance est sur ce ton. Quant à vos brochures, on les
connaît, et chacun a pu en juger ; la Colonie sait au juste ce
qu'elles valent, car elle les paye. Cependant au milieu de tant
de phrases qui toutes annoncent une intelligence si parfaite des
choses, et justifient si clairement vos prétentions à *la toute-
science de l'Inde, du Sénégal, voire même de la Sénégambie et
du désert de Sahara,* je ne puis résister au désir de rappeler
celle-ci, qui m'a particulièrement séduit par l'à-propos de son
application et le grandiose de la pensée qu'elle exprime. Il s'agissait du résultat de la mesure qui aurait frappé de droits différentiels, au Sénégal, les guinées de fabrication anglaise. Page 17
de votre brochure intitulée : *Substance des moyens :* « Semblables
« aux malheureux naufragés de la Méduse, irions-nous nous en-
« tr'égorger pour la fourniture de la guinée ! et on ne veut pas
« comprendre cela ; malheureux siècle ! entreprends-tu donc de
« bâtir une tour de Babel des intelligences ! »

La lecture de vos lettres excitait toujours, chez mes collègues,
un sentiment de pitié triste. Chacun se demandait comment,
ainsi traitées, des affaires importantes pouvaient être menées à
bonne fin? Quelle gravité dans la forme pouvait conserver celui qui rendait ainsi officiellement compte de ses démarches et
mêlait les intérêts sérieux d'une colonie à ses petits intérêts de
famille? Chacun se demandait de quel poids pouvait être auprès
du ministère un langage d'une simplicité plus que familière, et
l'on venait à conclure que la délégation ne se préoccupait peut-
être pas assez de la dignité et de la convenance de formes qui
doivent toujours accompagner l'accomplissement d'un mandat
sérieux. Les inquiétudes du Conseil s'augmentaient de la pensée
que le défaut d'autorité dans son représentant pouvait atteindre
l'institution nouvelle qui, à peine créée, avait encore besoin
d'appui. Mais, Monsieur, ce fut un découragement général,
lorsque les lettres de Paris et les récits des voyageurs vinrent
nous apprendre en quelle estime on vous tenait dans les bureaux du ministère. Nous avions jusqu'alors espéré que les bureaux étaient moins avancés que le Conseil dans le secret de vos
faiblesses (1).

Notre découragement prit un caractère plus fâcheux quand
nous advint votre lettre du 5 avril 1842, numérotée 6, où je
trouve ce passage : « Je vous remercie d'avoir adopté aussi pour la
« correspondance entre nous un numéro d'ordre. Voici sa princi-
« pale utilité ici : non-seulement j'enliasse tous les originaux, mais,
« sur mon livre-copie de lettres, je transcris à leurs dates celles
« que j'écris, mais encore à leur date de réception celles que je

---

(1) Le Conseil se serait moins étonné d'apprendre que la présence de M. Joyau, dans
les bureaux du ministère, était en possession de dérider la gravité des commis de marine , s'il avait su que M. Joyau avait la complaisance de leur faire lire ses lettres officielles.

« reçois ; à ce moyen je suis toujours prêt à donner la preuve que
« notre correspondance, entre les sessions, est bornée aux seuls
« objets dont nous ayons à nous occuper ; qu'ainsi, comme cer-
« tains affectent de le craindre, nous ne prétendons ni nous subs-
« tituer au gouvernement local, ni entraver en quoi que ce soit sa
« marche, ni enfin constituer de fait le conseil général en session
« permanente. Or, à ceux qui en douteraient, je puis à tout instant
« livrer mon copie de lettres entier ; déjà une fois ou deux je l'ai
« laissé à des personnes du ministère ; alors personne ne peut
« douter ni élever de soupçons injurieux. »

De cette singulière confidence il résulta pour le Conseil la pénible certitude que la perspective d'une dissolution effrayait
l'imagination du délégué, et que pour conjurer le danger, qu'il
croyait menacer sa position nouvelle, il n'hésitait pas à sacrifier
et son indépendance et les convenances les plus vulgaires (1).

A ces causes de désillusionnement de vos partisans les plus
dévoués, s'en joignit bientôt une autre d'une nature plus regret-
table encore.

Une question, se rattachant à des intérêts très-graves et très-
divers, avait agité les esprits dans la Colonie ; je veux parler de la
lutte entre l'industrie et le commerce des toiles bleues. Le Conseil
général s'était hautement prononcé en faveur du maintien du statu

---

(1) Le spectacle de cette attitude humble et contrite de M. Joyau, depuis qu'il avait
un traitement de douze mille francs à conserver, ramenait assez naturellement la pensée
sur l'époque où n'ayant rien à perdre et exploitant effrontément la crainte du scandale,
il ne se présentait, ou disait ne se présenter jamais, dans les bureaux de la marine, que
la menace à la bouche et le fouet à la main. Insolent pour se faire craindre ! rampant
dès qu'il a eu peur lui-même ! On croira difficilement, qu'avant d'être appelé à la délégation, l'audace de M. Joyau, devenu depuis si pusillanime, soit allée jusqu'à menacer
de la perte de leur emploi les hommes les plus haut placés dans la Colonie, s'ils ne sui-
vaient les directions qu'il avait l'impudence de leur transmettre, et pourtant le fait est
certain. Je prie M. Joyau de me pardonner si je me sers de mots un peu durs, je n'en
ai pas d'autres à ma disposition pour exprimer ma pensée.

quo, que le commerce supposait favorable à sa prospérité; seul j'a-
vais réclamé l'établissement de droits différentiels sur les produits
étrangers , comme protection à l'industrie locale. Vous avez
pris chaudement, c'était votre devoir et je vous y avais engagé
moi-même, en ma qualité de président du Conseil, parti pour le
commerce contre l'industrie ; vous vous êtes donné beaucoup de
mouvements alors, vous avez beaucoup écrit, beaucoup imprimé :
tout cela était fort bien, et ce n'est pas moi qui jamais blâmerai
le zèle d'un mandataire; mais quelle n'a pas été la douleur,
tranchons le mot, l'indignation des honnêtes gens et de tous
ceux qui appelaient de leurs vœux le retour de l'harmonie, si
longtemps exilée de ces rivages, lorsqu'on vous a vu transformer
une question de haut intérêt général en question personnelle, et
ne reculer, pour amener le triomphe de vos idées, ni devant la
diffamation, ni devant le mensonge! Toutefois, je veux bien
convenir que vos écarts en ce genre n'ont dépassé toutes les
bornes que dans vos dernières publications, dont le Conseil n'a
eu connaissance qu'après la délibération qui vous concerne; mais
enfin, avant comme après cette délibération, qui vous avait
donné mission, Monsieur, d'imputer à tous ceux qui ne parta-
geaient pas votre manière de voir, le mobile du plus sordide
intérêt? Qui vous avait donné mission d'insulter grossièrement
l'honorable chef du plus important établissement industriel de la
Colonie? Ne pouviez-vous combattre les prétentions de l'industrie
par des raisons et des arguments, au lieu de les combattre par
de détestables calomnies ? Pensiez-vous travailler à la tranquillité
du pays, en représentant quelques-uns de ses principaux habitants comme dévorés du désir de dépouiller les autres , comme
des gens d'une cupidité effrénée, d'une improbité révoltante?
Car en faisant allusion à la société dont M. Poulain est le chef,
vous osez parler de coupe-gorge!

Telles sont, Monsieur, en y comprenant celles énoncées dans

(9)

les procès-verbaux des 28 décembre et 11 janvier 1843, les cir-
constances sous l'empire desquelles il a fallu examiner votre gestion ; cette gestion de deux années écoulées sans profit aucun
pour la Colonie. Le Conseil se trouvait en présence d'un délégué
sans expérience des affaires coloniales, quoi que vous en puissiez
dire ; d'un délégué sans considération personnelle et sans indépendance ; d'un délégué qui s'érigeait en diffamateur! Le mal
était grave et il était urgent d'aviser au remède ; car l'institution,
dans l'esprit de la population qui nous entoure, s'abaissait de
toute la mésestime attachée au nom du mandataire choisi pour la
défendre.

Vous savez, Monsieur, ce qui s'est passé et avec quelle modération le Conseil a exprimé ses griefs contre vous ; il aurait pu
dans une délibération vous frapper sévèrement ; il ne l'a pas
voulu ; et moi, que vous appelez votre ennemi, je l'aurais voulu
moins que personne.

Quoi qu'il en soit, sur ma proposition, j'en conviens, mais à
la majorité de sept voix sur neuf, vous avez été invité, au nom
de l'intérêt général, au nom de votre dévouement supposé à la
Colonie, à résigner des fonctions que vous deviez vous reconnaître
vous-même hors d'état de remplir......

A Dieu ne plaise, Monsieur, que je veuille comparer les petites choses aux grandes. Nous ne sommes pas députés et vous
n'êtes pas ministre ; mais enfin, s'il était permis d'établir une
analogie, je vous dirais : Quand la Chambre émet un vote de
non confiance contre le ministère, le ministère ne descend pas à
publier des libelles diffamatoires contre ceux qui désapprouvent
la direction donnée aux affaires publiques ; il dissout la Chambre, en appelle au pays, ou se retire. Vous, Monsieur, vous ne
vouliez pas vous retirer et vous ne pouviez pas dissoudre ; mais
vous pouviez provoquer une dissolution, et, dans cet état de sus-
picion où le vote du Conseil vous avait placé, c'était là, ce me

semble, ce que vous aviez de mieux à faire. Convaincu, comme vous prétendez l'être, non-seulement que le Conseil s'est trompé, mais qu'il n'est composé que d'intrigants, de brouillons et de dupes, dont les uns ont trompé les autres, il fallait, pour en débarrasser le pays, solliciter une mesure qu'on ne vous eût pas refusée, qui les eût si facilement fait disparaître de la scène. Libre alors de toute opposition de la part de ceux auxquels vous voulez vous imposer, lorsqu'eux-mêmes ne demandent qu'à soumettre leur différend avec vous à leurs juges et aux vôtres, vous eussiez lancé votre manifeste ; vous en eussiez appelé aux électeurs de la décision qui vous frappe, et l'opinion publique vous eût bien vite absous, si vous eussiez été injustement accusé devant elle. Au lieu d'adopter cette marche que tout homme loyal et qui se croit l'objet de soupçons immérités n'eût pas hésité à suivre, vous déclarez que l'honneur vous fait une obligation de garder votre traitement de délégué ; vous vous posez en harangueur de carrefour, et, retranché derrière les termes de l'art. 116 de l'ordonnance du 23 juillet, vous vous écriez d'une voix triomphante : Je reste ! Puis du haut de la borne où vous êtes monté, vous jetez l'injure à pleines mains sur le président du Conseil général et ceux de ses collègues qui ont voté comme lui.

Nous allons voir, Monsieur, ce que vos accusations méritent de confiance ! elles sont nombreuses. Je vous ai trouvé coupable de deux vices rédhibitoires (je ne cite pas, j'analyse) ! je suis votre ennemi ! dès le début de votre gestion, j'ai cherché à pervertir l'opinion publique sur vos actes, pour vous chasser et m'emparer de votre succession ! *Mon entendement est obscurci par d'épaisses fumées d'ambition cupide ! Mon génie est à l'étroit, il étouffe dans l'Inde !* Je sollicite la présidence de la Cour ! je sollicite en même temps une place dans la magistrature parisienne, afin de la cumuler avec la délégation que je travaille sourdement à vous ravir ! j'ai sacrifié à plaisir les intérêts de la Colonie : témoin la question des sucres, celles du monopole, des droits différentiels, de l'agriculture! J'ai, par un indigne machiavélisme, favorisé l'avancement de mon frère, en vous adressant des remontrances déplacées sur l'inconvenance d'une protection officielle accordée par la délégation à d'autres employés! Je suis un voyageur libertin se livrant aux plus infâmes spéculations! J'ai voulu faire du scandale, par des articles anonymes, dans ma lutte avec M. de Saint-Simon, à l'occasion de laquelle vous avez montré une si touchante franchise, un si chaste amour des bienséances! Enfin, il n'est pas de si mauvaise action dont vous ne me déclariez coupable, dans un style plus ou moins furibond! Je laisse de côté les Bertrand, les ratons à la patte noircie et à demi grillée, la Toison d'Or, les Argonautes et toutes comparaisons qui, bien qu'un peu surannées, n'en sont pas moins gracieuses et font beaucoup d'honneur à votre imagination; puis, moi terrassé, vous prenez au corps les brouillons, c'est-à-dire la grande majorité du Conseil; vous insultez à la Colonie entière, qui n'est pas mûre pour l'institution qu'elle a reçue, et en chevalier brave autant que loyal, vous vous mettez à l'abri derrière M. le Ministre de la Marine, que le Conseil respecte trop, pour le rendre jamais l'objet de ses attaques, même en lui adressant ses plus vives réclamations.

C'est à peu près là, Monsieur, tout ce qu'il m'a été possible d'extraire de votre charitable libelle, et, comme vous le voyez, en énumérant vos griefs, je ne mets pas beaucoup plus d'ordre dans ma défense, que vous n'en avez mis dans votre attaque; mais qu'importe, si je ne laisse pas une de vos assertions sans une réfutation péremptoire.

Mais d'abord, veuillez me dire ce qu'ont de commun toutes les imputations dont vous me rendez l'objet, avec le vote du 11 janvier dernier? Quand bien même je serais un homme aussi abominable que vous voulez me représenter, en quoi cela vous justifierait-il de l'insuffisance qu'on vous reproche? Votre expérience en matière d'affaires coloniales en serait-elle devenue plus évidente? En auriez-vous moins sacrifié à la crainte de perdre votre position, et votre indépendance et les convenances les plus vulgaires? Seriez-vous moins coupable de diffamation envers messieurs tels et tels? Pensez-vous que quarante pages, toutes noires de haine, de fiel, de calomnies et de toutes les mauvaises passions d'un homme affilié à une secte dont la morale n'est pas en grande estime de nos jours, suffisent à vous disculper et à vous montrer comme l'émule des Jollivet et des Dupin dont vous ne craignez pas d'invoquer le nom! Ah! Monsieur, je ne sais si ces hommes honorables et distingués à tous égards, sont flattés de vous avoir pour collègue, mais ils ne se sont sans doute jamais abaissés à écrire des pamphlets semblables à celui auquel je suis condamné à répondre.

J'aborde vos diverses accusations.

Je vous ai trouvé coupable de deux vices rédhibitoires! Ce n'est pas là un bien grand crime, et un juge sévère eût pu vous trouver coupable d'un beaucoup plus grand nombre. Toutefois, je vous ferai observer, Monsieur, que ce n'est pas moi qui ai poussé l'irrévérence jusqu'à appliquer, à la nomination de M. le délégué des établissements français de l'Inde, des expressions dont le Code civil ne se sert que relativement à la vente d'objets inanimés ou de certaines classes de quadrupèdes; c'est vous seul qui avez cru devoir en faire usage, et je ne vais pas jusqu'à prétendre que ce soit par modestie, moins encore par une juste appréciation de votre valeur personnelle.

Le premier de ces vices rédhibitoires, *votre inexpérience des choses coloniales*, je n'ai rien à en dire, le Conseil l'a apprécié et le lecteur jugera, à son tour, après vous avoir entendu. Si, de ce que MM. Jollivet et Dupin, qui ne sont jamais allés aux Antilles, n'en ont pas moins éclairé, d'une vive lumière, la question des sucres et celle de l'émancipation des noirs, il est bien rigoureux de conclure que vous devez *posséder la science de l'Inde* que vous n'avez jamais habitée.

Le second de vos vices rédhibitoires : *Vous êtes dépourvu de toute influence personnelle.* Assurément, je ne conteste pas la vérité de cette assertion; mais je n'en ai jamais dit un seul mot. Relisez ma proposition du 20 décembre, ses développements du 28, et la discussion du 11 janvier, vous verrez que je suis muet sur votre influence personnelle. Le rapporteur de la commission ou d'autres membres du Conseil ont pu en parler, mais non pas moi ; cependant, à l'occasion des vices rédhibitoires dont vous seriez coupable *suivant M. de Rosière,* vous dites : «Je copie.» Non, Monsieur, vous ne copiez pas, vous citez faussement pour accuser plus à votre aise.

Je suis votre ennemi ; dès le début de votre gestion, j'ai cherché à pervertir l'opinion publique sur vos actes, etc.

Vous n'avez pas eu ma voix, quand il s'est agi de vous élire ; cela est vrai, Monsieur ; je vous connaissais ! comment aurais-je pu vous donner mon suffrage ? mais je n'ai jamais été votre ennemi ; je ne suis celui de personne ; et lorsque, malgré des prédictions qui se sont malheureusement trop tôt accomplies, votre nom a triomphé au scrutin, je me suis rallié au délégué de bonne foi et sans arrière-pensée : l'intérêt de la Colonie m'en faisait un devoir ; et si, plus tard, je me suis éloigné de lui, c'est que ce même intérêt m'en faisait un devoir encore. Loin de chercher, dès le principe, à présenter vos actes sous un faux jour, je les ai défendus, Monsieur ; j'ai fait plus : j'ai cherché, par des avis, par des conseils, à prévenir, autant qu'il était en moi, une rupture entre le Conseil et vous, qui s'annonçait prochaine. Relisez mes lettres particulières des 20 août 1841 et 22 février 1842 ; relisez votre réponse à la première du 30 octobre 1841 ; vous me remerciez alors de mes efforts pour éclairer votre marche et vous ramener dans la bonne voie ; et aujourd'hui vous faites remonter mon agression à une époque où mes actes excitaient votre reconnaissance. L'accusation de, vous avoir été de tout temps hostile n'est qu'une calomnie, démentie par toute votre correspondance officielle et particulière.

Je ne vous ai attaqué, selon vous; je ne suis votre ennemi, que parce que j'en veux à la délégation moi-même; *mon entendement est obscurci par d'épaisses fumées d'ambition cupide!*

C'est là, Monsieur, une de ces insinuations qui vous sont familières pour expliquer, par des motifs d'intérêt privé, les opinions que vous ne pouvez autrement combattre. Je vous ai trouvé insuffisant à la délégation, il est évident que c'était pour arriver à la délégation moi-même! Votre accusation est absurde et vous n'y croyez pas. Je vous ai attaqué, Monsieur; j'ai cherché à vous renverser du poste que, selon moi, vous remplissez fort mal; cette circonstance aurait dû suffire pour éloigner de votre esprit la pensée que j'en voulais à vos dépouilles. Peut-être, Monsieur, comprendrez-vous difficilement ce scrupule : il est rarement à l'usage des hommes de votre robe; mais les gens de bien sauront le comprendre. Ce motif de mon abstention est loin d'être le seul : il en est un autre tout aussi grave, tout aussi péremptoire. Pour être délégué, il ne suffit pas d'avoir du zèle; il faut avoir, quoi que vous en puissiez dire, l'influence que donne une capacité incontestable, un caractère connu, une position sociale qui commande une haute considération; il faut que la parole du délégué ait l'autorité qui s'attache à la parole d'un homme grave, d'un homme qu'on écoute, quand il présente une réclamation; il faut pour être délégué offrir la garantie d'un nom comme celui des Dupin, des Mauguin, des Jollivet, des Baudin, etc. Dans la modeste sphère où je vis renfermé, je n'ai pas la ridicule prétention de réunir ces avantages. Je sais, Monsieur, que, dans la Colonie, pas un de mes plus intimes amis ne me donnerait sa voix pour la délégation, et, *si obscurci que soit mon entendement par d'épaisses fumées d'ambition cupide*, je ne désire jamais ce que je n'ai pas de chances d'atteindre. Au surplus, personne n'ignore à quel candidat se rattachent mes sympathies personnelles; et si je ne craignais de mêler son nom à ce triste débat, je vous apporterais, Monsieur, d'irrécusables témoignages qu'en cherchant à vous faire comprendre que vous aviez sollicité un fardeau au-dessus de vos forces, je n'avais en vue que l'intérêt général et non mon intérêt particulier.

Mon génie est à l'étroit, il étouffe dans l'Inde; je sollicite la présidence de la Cour!

Peut-être, Monsieur, si la présidence de la Cour était vacante, ne serait-il pas fort extraordinaire que je me misse sur les rangs pour l'obtenir, car je suis le plus ancien conseiller de cette Cour; mais ce haut emploi est encore occupé par le titulaire, et je n'ai pas pour habitude de provoquer la chute de mes collègues afin de recueillir leur héritage. Je vous mets au défi de prouver que j'aie sollicité ou donné mission à qui que ce soit, de solliciter pour moi la présidence. Mais, Monsieur, faites un effort; essayez d'avoir de la franchise, et vous nous direz peut-être par qui, pour qui et à l'aide de quels moyens la présidence a été sollicitée.

En même temps que la présidence de la Cour de Pondichéry, je sollicite une place dans la magistrature parisienne, afin de la cumuler avec la délégation, etc.

Pourquoi pas un siége à la Cour de cassation? Allons, Monsieur, vous vous moquez, je pense; il faudrait au moins dire des choses vraisemblables quand on veut prêter des ridicules aux gens. En fait de ridicules vous êtes riche, et vous pouvez prêter beaucoup; mais vous devriez savoir que l'homme qui se respecte n'accepte pas d'être le débiteur du premier venu.

J'ai sacrifié à plaisir les intérêts de la Colonie : témoin la question des sucres de palmier, etc.

Mais d'abord, Monsieur, je vous demanderai à quel titre vous
m'imputez la responsabilité des directions que le Conseil me charge
de vous transmettre. Je ne suis, quand je parle en son nom, que
son interprète, et rien de plus. Dans la question qui vous occupe,
le Conseil était fatigué, non pas de trouver dans vos lettres d'in-
terminables détails sur le *borassus flabelliformis*, dont il ne
vous avait jamais parlé, mais de n'en trouver aucuns, ou de tout
à fait puérils, sur les diverses questions dont il avait principale-
ment recommandé la solution à votre zèle. Je vous demanderai
ensuite, à quel titre vous vous en prenez à moi, de ce que M. Vinay ne vous a ni écrit, ni transmis les renseignements que lui seul
pouvait et m'avait bien des fois, sur mes instances, promis de
vous faire parvenir; je vous demanderai, enfin, s'il est bien loyal,
pour pouvoir m'attribuer la coupable indifférence que vous supposez au Conseil sur la question des sucres, de supprimer, dans
vos citations de ma lettre du 20 janvier 1842, la phrase qui dé-
truit, en ce qui me concerne, toutes les conséquences que vous
tirez de cette prétendue indifférence. Cette phrase, la voici: On ne
« peut se dissimuler, *c'est mon avis du moins*, que la fabrication
« du sucre de palmier dans nos établissements, avec la certitude
« de son admission en France, ne se rattache, de la manière la
« plus directe, à leur prospérité à venir; mais le Conseil, etc. » Vous
avez copié les lignes qui précèdent et celles qui suivent, et vous
avez remplacé la phrase par trois points. L'expression de mon
opinion particulière, à laquelle du reste vous avez rendu justice
dans votre lettre officielle du 3 avril 1842, vous gênait dans votre
accusation d'invention toute nouvelle, et vous n'avez pas hésité
devant ce facile retranchement. Les hommes de votre école ne se
laissent pas arrêter par de si minces obstacles.

M. Vinay avait eu le tort grave de ne pas vous faire parvenir
les renseignements que vous aviez sollicités de lui par mon entre-
mise, et qu'il devait, sans doute, à l'empressement que vous aviez

mis à protéger son industrie de vos démarches et de votre plume;
mais ce tort méritait-il que vous fissiez imprimer dans votre libelle
ce qu'on va lire : « Depuis lors, je n'ai reçu de personne les rensei-
« gnements essentiels demandés par M. le Directeur des douanes;
« M. de Rosière et M. Vinay (devenu membre du Conseil à la der-
« nière session) n'ont pas même rappelé cette question importante
« à l'attention du Conseil; d'où je dois conclure ou que M. de Ro-
« sière s'est trompé, en me disant qu'il avait, par ordre du Con-
« seil, remis les pièces à M. Vinay (les accusés de réception de
« M. Vinay sont entre mes mains), ou que celui-ci se fait aujour-
« d'hui connaître à moi d'une manière bien étrange, et qui ne
« pourrait s'expliquer que parce qu'il serait, dit-on, *le plus fort*
« *actionnaire de Pondichéry, mais actionnaire creux de la com-*
« *mandite Poulain.*

C'est là, Monsieur, contre un négociant honorable et respecté
de toute la ville, une calomnie gratuite, autant qu'offensante, qui
ne se rattache en rien au fait que vous me reprochez, et dont il n'est
possible de trouver le prétexte que dans cette circonstance, que
M. Vinay, rapporteur au Conseil général de la commission chargée d'examiner ma proposition du 20 décembre, a conclu dans
le sens de cette proposition :

> Qui n'aime pas Cotin, n'admire pas son roi!
> Il n'a, suivant Cotin, ni foi, ni Dieu, ni loi.

Toiles guinées, les droits différentiels et le monopole.

Encore une de ces questions, à l'occasion desquelles il vous
plaît d'insinuer que j'ai voulu sacrifier à plaisir les intérêts de la
Colonie, bien que dans votre lettre officielle du 31 octobre 1841,
« *vous rendiez trop de justice à l'opposition consciencieuse que*
« *j'ai faite à la délibération qui a été prise par la majorité.* » Il
est vrai qu'alors je pouvais encore être consciencieux, je n'avais
pas mis au jour ma proposition du 20 décembre. En fait, Mon-

sieur, je suis partisan de droits différentiels modérés, sur les produits de la fabrication anglaise, comme protection nécessaire à
l'industrie locale, véritable et unique source de richesses pour la
Colonie, et il ne me serait peut-être pas difficile d'établir que
mon système est le plus vrai, le plus conforme à l'équité, aux intérêts généraux du pays et aux intérêts même, bien entendus, de
ceux qui l'ont combattu le plus vivement; mais ce n'est pas cela
dont il s'agit; j'ai voté comme j'ai cru convenable de le faire, et
il ne vous appartient pas de scruter mes motifs et de laisser supposer, car vous n'osez le dire bien positivement nulle part, que
j'ai voulu sacrifier les intérêts de la Colonie, parce que je ne
pense pas comme vous, ou que sur ce point j'ai été en désaccord
avec le Conseil. Il vous appartient beaucoup moins encore, pour
étayer vos insinuations, de me prêter un vote que je n'ai pas émis;
j'approuve les droits différentiels, mais je repousse le monopole
au Sénégal (1) ; et cependant deux fois dans votre libelle (pages
4 et 14), en rappelant les séances des 5 août 1841 et 5 juillet 1842,
vous dites que le vote du Conseil général a été unanime contre
le monopole, *moins M. de Rosière, fors M. de Rosière.* Or,
dans la séance du 5 août 1841, le Conseil n'a pu s'occuper du
monopole qui n'existait pas alors, et je n'ai pas assisté à celle du
5 juillet 1842 où la question a été discutée et résolue. Le procès-
verbal mentionne les causes de mon absence et porte que le vote
a été *unanime;* et vous citez, Monsieur, et vous osez faire imprimer
vos citations en caractères italiques, afin de leur donner une plus
grande apparence d'exactitude; le public jugera de la moralité
des voies auxquelles vous ne craignez pas de recourir.

---

(1) C'est moi qui, par lettre du 21 juin 1842, adressée à M. le gouverneur, ai provo-
qué la réunion du Conseil général en session extraordinaire, pour délibérer sur la question du monopole, dont je qualifie l'établissement de *mesure de nature à porter une si
atale atteinte au principal commerce de Pondichéry.*

Au sein du Conseil, je n'ai jamais été, Monsieur, ainsi qu'il vous plaît de le supposer (page 3 de votre brochure du 12 décembre), ni l'agent ni le défenseur de la maison Poulain, et je n'ai pas mission de la venger ici de vos injures, pour lesquelles, je le crois, et me donnant en cela un exemple que j'aurais dû imiter peut-être, elle professe un dédain et un mépris profond ; mais puisque vous m'avez amené sur le terrain du monopole et des droits différentiels, vous me permettrez sans doute de rappeler quelques-unes des accusations dont ils ont été pour vous le prétexte contre l'établissement que la maison Poulain dirige. La bonne foi qui sert de guide à vos agressions, quels que soient du reste vos adversaires, en ressortira plus évidente aux yeux de tous.

Vous voulez prouver, Monsieur, que les filatures de Pondichéry ne sont mues que par un intérêt tout personnel dans leur demande de protection contre la concurrence étrangère ; mais il fallait prouver en même temps que cet intérêt ne s'alliait en aucune manière à l'intérêt général, car on ne repousse pas une réclamation, par cela seul que celui qui la forme, doit trouver quelque avantage dans la concession qu'il désire ; et quoi de mieux pour atteindre ce but, que d'affirmer que les établissements industriels ne peuvent prendre racine dans le pays. La filature Poulain renferme, selon vous, deux vices qui ne lui permettent pas de vivre ; *vices extrinsèques*, je n'ai pas à m'en occuper ici, *et vices intrinsèques, les rétributions énormes de son état-major.* Vous appuyez beaucoup sur cette cause de ruine (pages 23 de votre brochure du 18 novembre et 17 de celle du 12 décembre suivant) ; et pour la faire ressortir à tous les yeux, vous indiquez le chiffre *de ces rétributions énormes qui doivent nécessairement la faire périr :* 36,624 roupies, soit 91,560 fr., pas un centime de moins ; et vous citez à l'appui de cette évaluation *le n. 7 des pièces annexes des délibérations de* 1841 ; cette pièce, émanée d'un membre du Conseil, porte :

« Voici les résultats d'un calcul, etc.

Note des dépenses d'un mois pour la filature de messieurs Poulain :

Appointements du gérant	5oo roupies , soit par an en francs			15,000
Second gérant	200	—	—	6,000, supprimés depuis.
M. Gabler, contre-maître,	100	—	—	3,000
Praser, mécanicien,	100	—	—	3,000
D., contre-maître,	35	—	—	1,o5o
Six employés divers	167	—	—	5,o10, 33,o6o
Ouvriers fileurs	1,000	—	—	3o,000
Chauffage	5oo	—	—	15,000
Diverses dépenses	200	—	—	6,000
	2,8o2 roupies.		Total fr. 84,o6o	

Soit pour un an 33,624 roupies. »

La note est claire, personne ne peut s'y méprendre ; les appointements des employés sont nettement séparés des dépenses générales de toute nature , et vous, Monsieur, pour grossir le chiffre des rétributions de l'état-major que vous voulez faire considérer comme un cancer rongeur, vous réunissez le tout et l'attribuez à l'état-major seul. Ainsi, vous comptez dans sa solde 3o,000 fr. de main-d'œuvre, 15,000 fr. de chauffage , 6,000 fr. de dépenses diverses, en tout, 51,000 fr.; et comme si ce n'était pas assez , vous prenez en dehors de la note, et l'on ne sait où , 3,000 roupies, soit 7,5oo francs, ce qui vous donne un total de 58,5oo francs, très-consciencieusement ajoutés aux 33,o6o que la note, qui vous sert de base , dit former le montant des traitements de ce malencontreux état-major. Cette note, qui est le résultat d'un calcul, ainsi que son intitulé l'indique, et non pas un relevé des livres de la filature Poulain, contient quelques inexactitudes. Cet établissement occupe toute l'année, intérieurement , un personnel de près de 3oo ouvriers ; il livre à la consommation plus de 32o,000 livres de fil, qui servent à tisser au dehors de 60 à 70,000 pièces de guinées ; donne ainsi du travail et du pain à plusieurs milliers de familles, et le traitement de l'état-major ne s'élève qu'au double, très-peu plus du double du traitement d'un délégué comme vous. Comparez, Monsieur, les avantages que la Colonie a retirés de vos services, depuis qu'elle vous a fait l'honneur, fort peu mérité, de vous choisir pour mandataire, et ceux qu'elle doit à l'existence d'un établissement tel que celui dont vous provoquez la ruine, et vous nous direz où est le luxe réel des rétributions.

Mais vous ne vous bornez pas, Monsieur, à constater ce luxe destructeur de la filature Poulain, et comme, malgré le vice intrinsèque qui la ronge, elle ne périssait pas assez vite, vous cherchez sa condamnation dans les aveux de son gérant, et vous citez de sa circulaire du 10 juillet 1841 (page 24 de vos Droits différentiels), la phrase suivante : « ...... Une industrie, quand elle est « réduite à ne pas couvrir l'intérêt de son capital et la détério- « ration de son matériel, ne peut se soutenir *plus* longtemps. » Or, j'ai la circulaire sous les yeux, et le dernier membre de la phrase citée porte : « ne peut se soutenir longtemps. » Vous y avez introduit un tout petit mot, le mot *plus;* mais ce mot change singulièrement le sens de la phrase ; il est vrai, qu'ainsi modifiée, l'opinion du gérant donnait plus de force à votre argumentation, et l'on ne voit pas trop pourquoi, lorsqu'à l'aide d'un moyen si simple, vous pouviez tuer, à l'instant, la filature Poulain, dont l'existence vous gêne, vous l'auriez laissée vivre quelque temps encore, pour obéir à des scrupules dont les gens de votre école subissent rarement l'influence.

La filature Poulain est accusée, comme moi, d'être un ardent soutien du monopole, car vous n'auriez eu garde de manquer une si belle occasion de la représenter comme hostile aux intérêts de la Colonie ; aussi (page 7 de vos Droits différentiels), vous vous écriez : « Mais vous, filatures de Pondichéry et autres diffé-

« rentiellistes, où étiez-vous lors des débats : vous vit-on à nos
« côtés pour aider à la défense commune? Avez-vous du moins
« publié ou écrit un seul mot contre le monopole ?........ »

« Non, vous vous teniez à l'écart........ Pourquoi ? Un pacte
« secret vous unissait avec les entrepreneurs de monopole, et cela,
« dès le mois d'avril.......... »

Cependant, Monsieur, je lis (page 76 des procès-verbaux de
la commission chargée d'examiner les questions relatives à la
traite des gommes au Sénégal) :

« Avant de commencer la discussion, la commission prend
« successivement connaissance : 1° d'une lettre de M. le gouver-
« neur des établissements français de l'Inde, à laquelle sont join-
« tes des délibérations du Conseil général et du Conseil d'admi-
« nistration, et *un mémoire des deux compagnies de filature*
« *établies à Pondichéry, portant demande de révocation de la*
« *mesure prise au Sénégal.* » Or, vous avez, dites-vous (pages 13
et 14 de votre libelle), pris aux travaux de cette commission *une*
part aussi active que zélée (1). C'est vous-même qui m'en avez

---

. (1) C'est en présence de cette commission, que M. Joyau « *n'a failli en rien à ce qu'il*
« *lui fallait savoir sur la topographie, la statistique, etc., de nos possessions de l'Inde et*
« *pour le Sénégal qu'il a montré par ses renseignements topographiques, et sa discussion*
« *orale la science de la Sénégambie et du désert de Sahara, etc.* » (page 14 du libelle). Il
paraît qu'en effet l'éloquence de l'honorable délégué de Pondichéry, accompagnée d'une
pantomime passablement bouffonne, a obtenu beaucoup de succès dans cette circonstance. L'un des membres de la commission assurait un jour, en venant d'entendre
M. Joyau, porte une lettre que j'ai lue, qu'il n'aurait pas cédé sa place pour dix francs.
Faire rire ses juges, c'est quelquefois les disposer à l'indulgence! Mais les faire rire à
ses dépens!... Si le monopole, *nouveau Protée, son chapeau de travers, arborant le haut*
plumet, brandissant son grand sabre, page 13 de la *Substance des moyens* de M. Joyau,
n'avait eu à combattre que ce redoutable champion de la liberté du commerce, il est
probable qu'il n'eût pas si promptement succombé dans la lutte ... et cependant, affu-
blé du costume qu'il prête à son adversaire, M. Joyau est tout prêt à entonner pour son
compte personnel l'hymne de la victoire! Pauvre homme! ...

transmis les procès-verbaux ; vous connaissiez donc la protestation des filatures de Pondichéry, lorsque vous leur reprochiez si chaleureusement leur alliance avec leur monopole !.... Je vous laisse conclure !

Vous en voulez beaucoup, Monsieur, à l'existence de l'établissement Poulain, que vous appelez tantôt une société en commandite, tantôt une société anonyme (ce qui prouve que vous possédez la science de la société anonyme aussi pertinemment que la science de l'Inde et du Sénégal), et il ne tient pas à vous que le trouble et la discorde ne pénètrent au milieu de ses divers intéressés. Page 17 de votre brochure du 12 décembre, on lit : « Il y « a, dit-on, dans cette société anonyme, comme dans tant d'au- « tres, des actions dites industrielles, actions creuses, nombreu- « ses, appartenant aux chefs ou entrepreneurs, n'ayant rien payé, « mais prenant soigneusement part aux dividendes et figurant « dans les assemblées générales pour y maîtriser les votes. . . . . « . . . . « . . . . La filature Poulain « doit nécessairement périr, si ses actionnaires sérieux, dignes de « l'intérêt le plus vif, n'ouvrent les yeux et ne prennent des me- « sures promptes et efficaces pour remédier au vice rongeur de « son administration. »

De vos assertions, Monsieur, il n'en est aucune qui ne soit un audacieux mensonge, et l'on vous met au défi de prouver que, parmi les actions de la société Poulain, une seule puisse être appelée *action creuse* ou industrielle, suivant votre expression ; mais que vous importe ? Vous altérez les chiffres ; vous falsifiez les sommes ; vous dénaturez les phrases que vous citez ; vous supprimez les pièces dont le contenu vous gêne, pourquoi vous arrêteriez-vous devant des imputations si monstrueuses qu'elles soient, parce qu'elles n'auraient de fondement que dans le désir de nuire à vos adversaires? Si vous nuisez effectivement, votre but n'est-il pas atteint (1)?

Je reviens à votre libelle.

« Mais il était pour Pondichéry un moyen malheureusement « trop grave, sérieux et certain, de rentrer dans une forte partie « de la rente des quatre lacks. »

Ce moyen *certain*, vous l'aviez trouvé, Monsieur; il ne s'agissait que de faire délibérer, à Paris, une commission sur les difficultés que soulève l'application de l'ordonnance du 7 juin 1828, relative au mode de possession des terres dans l'Inde. Ma jalousie contre M. le délégué et contre M. Firmin Joyau fils, rapporteur au Conseil général, et qui devait être, avec M. son père, membre de la commission instituée à Paris, a tout paralysé, même la très-bonne volonté du ministère. J'ai privé la Colonie *d'une forte partie de la rente des lacks*, en invitant M. Joyau, *au nom du Conseil qui me l'avait ainsi prescrit*, à suspendre les travaux de la commission

---

(1) Je ne sais si M. Joyau, qui (page 29 de son libelle) ose me demander *si j'ignore quel nom les honnêtes gens infligent à une imputation réunissant les caractères de la mienne* (l'imputation d'être un mandataire inhabile! douter de la toute-science de M. Joyau, quel cas pendable!), ignore, de son côté, de quel nom l'on appelle ceux qui recourent aux moyens dont il fait usage pour le triomphe de ses causes; et s'il l'ignore effective-ment, une circulaire, qu'il a d'exellentes raisons pour connaître et qu'un des siens conserve assurément dans son portefeuille pour la joindre plus tard à ses états de ser-vice; circulaire émanée d'un chef d'administration et adressée en 1837 à tous les em-ployés et habitants notables de la Colonie, pourrait le lui rappeler, ou, au besoin, le lui apprendre !

Il paraît, du reste, que calomnier est une maladie de famille. Quiconque, en effet, voudra relire attentivement les lettres et brochures de M. Joyau, pourra difficilement se défendre de la pensée que M. le délégué est une de ces natures perverses, un de ces hommes malheureusement nés, ardents au mal, impuissants pour le bien, dont toutes les facultés intellectuelles s'endorment lorsqu'il s'agit d'intérêts honnêtes et paisibles à défendre, et se réveillent énergiques, furieuses, dès que l'occasion se présente de nuire et de diffamer.

de Paris jusqu'à l'achèvement de ceux de la commission nommée dans la localité; puis, *Président* ou *Rapporteur* de cette commission, et soit pour me réserver l'honneur du travail, soit pour empêcher un autre de l'obtenir, j'ai tout ajourné, tout arrêté, sacrifiant ainsi, à de vils calculs d'envie et de vanité, les intérêts les plus chers de la population indigène, *l'existence même de la Colonie.* Je ne m'en suis pas tenu là, et m'armant de mes propres torts contre M. le délégué, j'ai osé, à la face de Pondichéry et du ministère, m'en prendre à son défaut d'influence de ce que les votes du Conseil restaient impuissants ; j'ai fait plus encore: *j'ai échauffé les imaginations pondichériennes* sur la prétendue facilité de la conquête des lacks, que M. le délégué était inhabile à faire, et je me suis dépeint comme le seul capable de l'effectuer. — Comme tout cela est ingénieux! comme tout cela est vrai surtout!

Mais d'abord, Monsieur, ainsi que je l'ai déjà fait à l'occasion de la question des sucres, je vous demanderai à quel titre vous vous en prenez à moi, des directions que le Conseil me charge de vous transmettre, et des lenteurs de la commission d'agriculture dans l'accomplissement de la tâche qui lui est imposée. Vous m'attribuez, Monsieur, une singulière influence! Il semble qu'au Conseil général, composé de dix membres, au sein de la commission composée de sept, seul je propose, seul je décide ; vous arriveriez volontiers à conclure que seul je délibère. Au sein du Conseil, Monsieur, je n'ai que le dixième du fardeau ; au sein de la commission d'agriculture, je n'ai que le septième ; pour le surplus, si vous trouvez qu'il soit mal porté, adressez-vous à mes collègues, ils sauront vous répondre (1)!

---

(1) Les procès-verbaux des délibérations du Conseil sont là, pour témoigner à quiconque voudra les lire, que les intérêts de la population indigène ont été le principal objet des préoccupations du Conseil. La correspondance du président et du délégué est

Toutefois, voici pour vos lecteurs quelques explications de fait, qui les mettront à même de juger de la sincérité de vos imputations.

Le 15 janvier 1841 (la session devait se terminer le 20 du même mois, et plusieurs autres questions importantes devaient être examinées avant la clôture), M. Firmin Joyau fils fit un rapport très-remarquable, au Conseil général, sur le mode de possession des terres dans l'Inde, et proposa, au nom de la commission dont il était membre, de nombreuses modifications au système consacré jusqu'à ce jour par les ordonnances locales et les usages du pays. Personne, sauf les membres de la commission, n'était prêt à discuter une question se rattachant par divers points, indépendamment de ses difficultés pratiques, à des considérations politiques qui n'étaient pas sans importance ; j'invitai donc, à la séance du lendemain 16, le Conseil à renvoyer la discussion à la session prochaine. M. Joyau fils, lui-même, appuya l'ajournement de toutes ses forces (on peut consulter le procès-verbal), et le Conseil le vota *à l'unanimité*, laissant à l'administration le soin de faire, dans l'intervalle d'une session à l'autre, préparer un travail sur ces matières si difficiles, sans toutefois que ce retard dans le vote des questions à étudier dût *mettre aucun obstacle à la réduction actuelle du taux de la redevance dans les localités où elle pèse plus particulièrement sur les cultivateurs, si le gouvernement la considérait comme praticable et urgente à effectuer.* Ce sont les termes du procès-verbal. Le 13 juillet 1841, en conformité des vœux du Conseil, le gouvernement nomma une commission, qu'à mon grand regret il m'appela à présider. L'un

---

là pour attester lequel des deux a négligé ces mêmes intérêts. Si M. Joyau avait mis à les défendre la dixième partie du zèle qu'il déploie à diffamer ses adversaires, il est permis de penser que ses efforts auraient eu pour la Colonie de plus heureux résultats.

de mes premiers soins fut de faire élire au sein de la commission, et sur une désignation spéciale de ma part, un rapporteur; d'où, avec un peu de bonne foi, vous auriez pu conclure, M. le délégué, que je ne voulais pas me réserver le mérite de l'œuvre. Surchargé d'occupations, comme du reste la plupart des autres membres de la commission, ce rapporteur ne put soumettre son travail que le 26 janvier dernier; d'où, avec un peu de bonne foi, vous auriez pu conclure encore que, du 16 janvier 1841 au 26 janvier 1843, je n'avais à me reprocher aucun des retards auxquels vous attribuez de n'avoir pu faire jouir la Colonie de cette forte partie des quatre lacks que le ministère tenait à votre disposition. Je ne me donnerai pas la peine d'expliquer pourquoi, du 26 janvier 1843 au 20 février (vingt-cinq jours), date des dernières nouvelles reçues par M. Joyau, la commission ne s'était pas encore prononcée sur le travail de son rapporteur. Ce rapporteur (M. Lefaucheur, commis principal de la marine, chargé, il y a quelques années, de la direction du domaine), vous ne contesterez pas sa compétence sur les matières qu'il s'agissait de traiter; vous ne l'accuserez pas d'envie envers M. votre fils, dont il est l'ami intime, non plus qu'envers vous-même, qui avez exercé votre haute protection en sa faveur. Eh bien, sur les vingt-quatre propositions soumises au Conseil général par M. Firmin Joyau, M. Lefaucheur en a à peine trouvé six dignes d'être prises en considération; toutes les autres, selon lui, ne soutiennent pas l'examen; d'où, Monsieur, vous auriez pu conclure encore que la question n'est pas d'une solution facile (1). Voilà pour ce qui me concerne.

---

(1) Dès le 2 septembre 1835, une commission spéciale avait été chargée d'examiner toutes les questions soumises depuis à celle dont M. Joyau accuse la lenteur, ou plutôt de la lenteur de laquelle M. Joyau m'accuse. Cette commission n'a remis son travail que le 5 février 1839, et ce travail n'a pu avoir aucune suite. Que M. Joyau, bien qu'il pos-

Quant à la certitude que vous auriez eue, Monsieur, d'obtenir à la Colonie *une forte partie de la rente des lacks,* si j'avais bien voulu le permettre, c'est là une prétention aussi fondée que tant d'autres contenues en votre libelle. Et, en effet, où donc est la relation entre l'achèvement d'un travail sur le mode de possession des terres dans l'Inde et la concession de la somme nécessaire à soulager la misère des classes agricoles; misère trop réelle, reconnue de tous, et dont la cause est beaucoup moins dans la nature des titres de propriété que dans la trop grande élévation et la mauvaise répartition des redevances? Les terres sont trop imposées, l'impôt est mal réparti; il faut le répartir mieux et en abaisser le chiffre, et pour cela il est indispensable que la métropole vienne au secours de la Colonie dont toutes les ressources sont épuisées; mais qu'importe qu'un indigène ou tout autre soit concessionnaire à tel ou tel titre, ou simplement adamanaire, etc., relativement au droit qu'a sa misère d'être soulagée et de l'être le plus tôt possible? Quand bien même il posséderait le sol à tout autre titre qu'aujourd'hui, en souffrirait-il moins si sa charge envers le trésor restait la même? Et si le gouvernement est disposé à faire droit à ses justes réclamations, pourquoi attendrait-il une réforme qui ne portera pas sur les causes principales de sa misère, mais sur la nature de son titre de propriété? Cette distinction, que vous feignez de ne pas comprendre, ne l'avais-je pas établie dans ma lettre du 20 janvier 1842 et dans

---

sède à fond *la science de l'Inde,* daigne consulter le gouvernement local, et il apprendra s'il ne serait pas de la dernière imprudence, quelques inconvénients qu'on lui reconnaisse, de toucher à un mode de possession consacré par le temps, par la politique des princes du pays, par les actes d'habiles administrateurs, avant d'avoir longuement médité le système qu'il s'agit de faire prévaloir, et que, jusqu'à ce jour, les hommes les plus expérimentés n'ont pu mettre en harmonie avec les exigences si spéciales de mœurs et d'usages tout exceptionnels.

le paragraphe que vous en citez ? Le Conseil ne l'avait-il pas clairement établie lui-même en votant, d'une part, l'ajournement de la délibération sur le mode de possession des terres, et de l'autre, l'abaissement immédiat des redevances ? Que si vous pouviez m'objecter, Monsieur, les difficultés de cet abaissement des redevances ou de la répartition d'une somme de secours, je vous répondrais que ces difficultés ne concernent en rien la commission, qui n'est pas chargée de faire un cadastre, et moins encore de distribuer les secours qu'il plairait au ministère d'accorder. En résumé, Monsieur, le retard dans l'achèvement des travaux de la commission d'agriculture n'est pas de mon fait ; et ce retard, me fût-il imputable, n'aurait pu nuire en aucune manière au succès de vos démarches pour l'obtention *d'une forte partie de la rente des lacks,* que le ministère, je le crains, est moins disposé que vous ne voudriez le faire croire, à concéder à la Colonie.

Convenez-en, vous avez voulu vous attribuer le mérite d'un service que vous ne pouviez pas rendre, et pour atteindre ce but, vous n'avez pas hésité à me gratifier de toutes les mauvaises passions qui fermentent dans votre âme. En fait de services rendus à la Colonie, depuis qu'elle vous a fait l'honneur de vous appeler à la délégation, votre bagage est, il est vrai, léger ; et je conçois que vous vouliez y ajouter par tous les moyens possibles.

Je lis à la page 10 de votre libelle : « Autre fait ! »

« M. Lefaucheur, créole de Pondichéry, fils d'un conseiller à « la Cour, et employé distingué de l'administration de la marine, « avait été, en 1840, nommé à l'unanimité délégué suppléant. « Tout à coup la mort de son bon père, laissant une nombreuse « famille, le força de rester à Pondichéry et de donner sa démis- « sion. Il m'écrivit pour m'inviter à suivre ses réclamations au- « près du ministère, pour passer à un grade supérieur. Je crus

« devoir au Conseil général lui-même, de m'employer avec zèle
« et hautement pour un collègue, pour l'homme de son choix
« unanime. Je crus même devoir rendre compte de mes démarches
« à cet égard à M. de Rosière, comme président du Conseil. La
« réponse fut un sermon sur l'inconvenance qu'il y avait à ce
« qu'un délégué se mêlât d'intérêts personnels. Je ne pouvais de-
« viner quel motif secret m'attirait cette mercuriale déplacée. Je
« ne fus pas longtemps dans l'incertitude. Enfin, M. Lefaucheur
« obtint ce qu'il désirait ; il fut nommé à l'ancienneté, mais en
« même temps un M. de Rosière, frère du conseiller, fut nommé
« au choix ou *à la faveur*. Ainsi me furent révélées à la fois l'exis-
« tence de ce frère de M. de Rosière dans l'Inde, et la cause du zèle
« ardent de celui-ci pour les convenances à observer par le
« délégué. J'aurais dix faits de cette nature à citer et à prouver
« par la correspondance. »

Vous me rendrez, Monsieur, cette justice, que je ne vous ai
jamais recommandé personne, et que ne m'occupant que des intérêts généraux de la Colonie, je n'ai jamais fait entrer les intérêts particuliers de qui que ce fût dans ma correspondance. Au
besoin, je vous mets au défi de prouver le contraire de cette
assertion. Je suis tranquille, j'ai les doubles de tout entre les
mains.

Je regrette vivement que la longueur de ma lettre particulière
du 20 août 1841, que vous transformez en *une mercuriale déplacée*, en *un sermon inconvenant* (1), et de votre réponse du
3o octobre suivant, ne me permette pas de vous les citer tout
entières. Mais mes collègues connaissent la première, et j'extrairai
de la seconde, sans la falsifier, je vous prie de le croire, la preuve

---

(1) Ce sermon n'avait pas été adressé à M. Joyau à l'occasion de ses démarches en
faveur d'un seul employé, mais en faveur d'un certain nombre d'employés qu'il dé-
nomme ; la liste qu'il en produit est même suivie de plusieurs etc., etc.

positive que le passage cité de votre libelle n'est qu'un article diffamatoire. Au surplus, les deux lettres sont à la disposition de quiconque voudra les lire, et si cette déclaration ne vous suffit pas, faites-les imprimer, Monsieur, je vous y invite. Je lis donc dans votre lettre du 3o octobre (justification détaillée des motifs que vous aviez eus de protéger Pierre et Paul, alors que j'avais pris le soin de ne vous dénommer personne), les phrases suivantes : « Monsieur, » (c'est votre début) « *non-seulement je ne* « *m'offense point, mais au contraire je vous remercie de la fran-* « *chise avec laquelle vous me parlez,* et j'y réponds dans le même « esprit; mes principes sont les vôtres , etc., etc. M. Lefaucheur, « vous le verrez par l'ordonnance que ce courrier vous porte, a « été nommé par son rang d'ancienneté, dont c'était le tour, et « ensuite, le ministre, libre de nommer au choix, a nommé « M. votre frère par la même ordonnance.... » Et en finissant, « *Je suis charmé que la manière franche et loyale dont vous avez* « *bien voulu agir envers moi* m'ait procuré l'occasion de vous « fournir ces explications. De mon côté, j'agirai toujours de même, « à votre respect, si l'occasion s'en présentait, et je vous prie de « croire, etc. *P. S.* J'oubliais un point important : j'ai pris hau- « tement intérêt à M. Laforgue qui, vous le savez, est le gen- « dre de M. Berchon-Defontaine; mais ce que vous ne savez peut- « être pas, M. Berchon est mon compatriote, étant né à quatre « petites lieues de Falaise!.... En vérité, il y a quelque chose de « blessant et d'affligeant pour le cœur d'un honnête homme tout « dévoué à la Colonie et à son gouvernement local, dans les repro- « ches et les bruits sur lesquels vous avez eu la bonté de m'éclai- « rer, et je compte sur votre amicale bienveillance pour expli- « quer, etc., etc. »

Comme vous venez de le voir, Monsieur, vous ne trouviez pas alors que ma lettre fût *un sermon sur l'inconvenance qu'il y avait à ce qu'un délégué se mêlât d'intérêts personnels ;* vous ne trou-

viez pas *ma mercuriale si déplacée;* vous m'en adressiez, au contraire, des remercîments assez vifs; vous étiez *charmé de ma
manière franche et loyale d'agir envers vous;* j'avais eu la *bonté
de vous éclairer;* vous comptiez sur *mon amicale bienveillance:*
qui donc a si promptement changé votre opinion sur la nature
des intentions qui avaient dicté mes conseils? Ne serait-ce point
par hasard ma proposition du 20 décembre (1)? car enfin vous
ne pouvez pas dire que vous ignoriez l'existence d'un M. de Rosière, frère du conseiller, lorsque vous m'avez adressé la lettre
dont on vient de lire des extraits, puisqu'elle contient l'annonce
de sa nomination, ni que, lorsque son existence vous fut révélée,
vous devinâtes aussitôt *la cause de mon zèle ardent pour les convenances à observer par le délégué,* et que mon sermon inconvenant n'avait eu pour but que de faire avancer scandaleusement
mon frère, dont je ne vous avais jamais parlé, au détriment de
M. Lefaucheur, dont je ne vous avais pas parlé davantage, puisque
votre lettre ne dit rien de la sainte indignation que cette décou-
verte a fait naître en vous, et que plus d'un mois plus tard, le
5 novembre 1841, vous m'écriviez encore : « Ma respectable voi-
« sine, madame de Chateaufur (50, rue de la Pépinière), m'avait
« appris que M. votre frère avait épousé une de ses nièces. *J'avais
« eu le bonheur de lui annoncer quinze jours avant la promulga-
« tion de l'ordonnance,* que M. votre frère allait recevoir l'avan-
« cement qu'il désirait. »

Convenez, Monsieur, que ceci contraste un peu avec les inso-
lentes paroles de votre libelle (pages 10 et 11), citées plus haut.

Au fond, Monsieur, et en supposant que j'eusse voulu nuire à
M. Lefaucheur qui, cependant, est un de mes meilleurs amis,

---

(1) Que de belles choses elle vous a fait découvrir cette malencontreuse proposition
du 20 décembre, que, sans elle, vous n'auriez jamais soupçonnées! ...

comment, en retardant son avancement, aurais-je pu favoriser
celui de mon frère ? Mon frère arrivait, sur la liste des commis de
marine, que vous pouvez consulter, immédiatement après
M. Lefaucheur; n'était-il donc pas de son intérêt, au contraire,
que M. Lefaucheur avançât pour qu'il pût avancer lui-même, et
ne me dites-vous pas dans votre lettre du 3o octobre : «M. Le-
« faucheur a été nommé par son rang d'ancienneté, *dont c'était*
« *le tour;* et ensuite : le ministre *libre* de nommer au choix » (*libre,*
entendez-vous?) « a nommé M. votre frère (1). »

Malgré la longueur de ces détails, je n'en ai pourtant pas encore fini avec la mercuriale déplacée, dont vous êtes si bien venu
à vous plaindre, après l'avoir jugée digne de reconnaissance.
Savez-vous à la sollicitation de qui je vous l'ai adressée, cette mercuriale ? Je vous l'ai adressée, Monsieur, à la sollicitation de votre
fils! Convaincu que vous adoptiez une voie mauvaise, dont ses
efforts étaient impuissants à vous détourner, M. Firmin Joyau me
supplia de vous faire parvenir des remontrances, dont il espérait
plus d'effet que des siennes; je souscrivis à ses désirs, et non pas
sans résistance, comme pourrait l'attester un de mes collègues; et
voici ce que M. votre fils m'écrivit lorsque je lui envoyai, ouverte,
ma lettre pour vous, qu'il s'était chargé de vous faire parvenir :
« Mon cher collègue, votre lettre est on ne peut plus convena-

---

(1) Mon frère, secrétaire archiviste du gouvernement, à Pondichéry, était le plus ancien de tous les commis de marine de première classe, lorsqu'il a été nommé *au choix*
commis principal; on voit à quoi se réduit cette haute faveur que M. le délégué trouve
si blâmable, *après avoir eu le bonheur de l'annoncer à Mme de Chateaufur.* Commis de
deuxième classe depuis les premiers mois de 1829, mon frère, après quatorze ans et
plus de services, dont treize dans les Colonies, a franchi successivement le grade de
commis de première classe et celui de commis principal. L'ordonnance qui règle l'avancement des employés de l'administration de la marine porte qu'il faudra deux ans pour
passer d'un grade à un autre. En 1830, le traitement de mon frère était de 3,ooo francs,
il est de 4,ooo en 1843 ! Quelle fortune scandaleuse! . . .

« ble au fond et en la forme, et je suis persuadé qu'elle sera prise
« en bonne part et produira un bon effet; je vous en suis per-
« sonnellement obligé..... »

Son billet est à la disposition de quiconque voudra le lire.

Je vous abandonne, Monsieur, à vos réflexions; il y aurait de
l'inhumanité à insister davantage. Je dois seulement deux mots
de réponse à la phrase qui suit l'accusation sur la loyauté de
laquelle je viens d'édifier vos lecteurs. Vous prétendez que vous
auriez dix faits de cette nature à citer : vous en auriez cent que
la honte en retomberait sur vous. Mais citez, Monsieur, citez
donc, comme dans votre libelle vous osez en faire la menace;
faites publier tous les procès-verbaux du Conseil, faites publier
toutes mes lettres, je n'ai pas besoin d'autre justification; faites
publier toutes les vôtres, je ne désire pas d'autre vengeance!

Je suis un voyageur libertin, me livrant aux plus infâmes spéculations!

Ici, Monsieur, vous entrez dans ma vie privée avec une effron-
terie singulière, et, sans fouiller dans la vôtre, mine riche à
exploiter peut-être, je pourrais me borner à répondre que je
souhaite, pour vous, que votre conduite ait toujours été aussi
morale, votre conscience aussi pure, et vos mains aussi nettes que
les miennes l'ont toujours été. Mais voici quelques explications,
qu'assurément je ne donne pas pour vous, je n'ai pas besoin de
le dire.

Vous savez mieux que personne (1), Monsieur, comment, arrêté

---

(1) J'ai donné ma démission de mes fonctions de procureur du roi à Chandernagor,
au milieu de janvier 1838, et ce n'est que plus de deux mois après, et seulement le 22
mars, que fut passé à Pondichéry l'acte publié dans les journaux; acte qui ne me concerne pas, mais constitue l'entreprise à laquelle M. Joyau me reproche d'avoir pris part.
Ma démission avait été précédée d'une demande de congé restée sans succès, et le seul
rapprochement des dates aurait dû faire conclure à M. Joyau que ma participation à la

dans ma carrière par des injustices successives, dont je ne pouvais espérer la réparation qu'en me rendant en France, je fus amené,

---

spéculation qu'il désapprouve avait été la suite et non le but de ma démission. Au surplus, j'ai clairement établi par pièces justificatives soumises à la commission instituée pour juger les magistrats des colonies, que j'avais demandé un congé pour me rendre en France, et sur le refus qui m'en avait été fait, que j'avais été amené à me démettre, à l'occasion de la nomination de M. de Lanoise au poste de procureur du roi à Pondichéry ; nomination qui avait servi de prétexte à M. de Saint-Simon pour me rendre l'objet de la mystification la plus injurieuse.

Toute la Colonie sait par quelles déceptions j'avais été, dès le mois d'août 1837 (et alors il ne s'agissait pas d'entreprise commerciale), contraint de renoncer à ma carrière ; toute la Colonie sait que je n'étais rentré dans la magistrature, qu'on travaillait déjà à désorganiser, qu'à la vive sollicitation du chef du parquet d'alors, et à la suite de promesses de réparation, que M. de Saint-Simon devait sitôt mettre en oubli. M. Joyau n'ignore rien de tout cela, il en a pris des notes sous ma dictée ; et d'ailleurs, dans un mémoire dont M. Joyau m'a remis lui-même l'original, afin que je pusse en faire faire une copie, mémoire rédigé par M. Firmin Joyau fils, portant la date du 16 mars 1839, et intitulé : *Des plaintes en prévarication et des plaintes récriminatoires en diffamation,* je lis, après quelques réflexions sur les moyens employés *pour entamer le démembrement de la magistrature,* ce qui suit : « *Un jeune magistrat à tous égards digne de ce nom* « (il s'agissait de M. de Rosière) *se vit bientôt après, par des dégoûts d'un autre genre,* « *contraint de donner sa démission.* » Et cependant, M. Joyau fait imprimer (page 15 de son libelle) : « Revenu dans l'Inde (M. de Rosière), il s'indigne bientôt de n'être que « procureur du roi d'un établissement secondaire il croit que la carrière des spécula- « tions lui serait plus lucrative que celle de la magistrature ; en conséquence il donne sa « démission, etc. » Il est vrai que, après ma proposition du 20 décembre 1842, je ne pouvais plus être *un jeune magistrat digne à tous égards de ce nom,* et que mes actes, même antérieurs, devaient nécessairement changer de nature.

M. Joyau feint d'ignorer comment, parti de l'Inde, *démissionnaire d'un grade inférieur,* j'ai eu le secret d'y retourner conseiller à la Cour royale ; cependant, le 5 juin 1839, M. Joyau m'écrivait : « Agissez donc en conséquence, et vous réussirez aussi à obtenir « *justice ;* toute la magistrature de l'Inde est à refaire ! Comment maintenant pourrait « on hésiter à renvoyer *deux magistrats instruits et considérés* (le second magistrat était « l'ancien premier juge à Chandernagor), et dont *les prétendus torts* sont aujourd'hui « *justifiés ou effacés ?* »

Le 17 du même mois, M. Joyau m'écrivait encore pour me féliciter sur le commencement de succès que je venais d'obtenir. Ces lettres, qui m'ont été écrites à une époque postérieure à celle où M. Joyau prétend avoir mis de la réserve dans ses relations avec par un refus de congé, à abandonner mon emploi; vous savez mieux que personne comment, sans fortune et obligé de pourvoir aux besoins de ma famille, je pus me croire permis, alors, d'employer quelques minces capitaux dans une spéculation, ridicule peut-être, mais qui n'avait rien de déshonnête en elle et à laquelle mon nom devait rester étranger et est resté effectivement étranger, spéculation dont j'ai vendu ma part aussitôt que je l'ai pu, et peu de temps après mon arrivée en Europe. Vous parlez d'un acte publié dans les journaux de Paris; mais cet acte je n'y figure en aucune manière, et votre audace est grande, en vérité, de rappeler la publicité qu'il a reçue. Vous ne craignez donc pas, Monsieur, que je fasse connaître comment, remis entre les mains du *magistrat* qui devait légaliser la signature de l'officier public devant lequel il avait été passé, copie en fut prise, à l'insu du propriétaire, et, par un indigne abus de confiance, transmis à un des rédacteurs de la *Quotidienne* qui le fit immédiatement imprimer (1)?

Et quel peut être votre but, Monsieur, en me reprochant, après

---

moi (prétention assez plaisante pour ceux qui savent lequel des deux a recherché l'autre), car elles sont du mois de juin 1839, et depuis le mois de mai de la même année je n'ai pas revu M. Joyau, ne sont pleines que de confidences sur ses projets, et du sentiment de la justice de ma cause; et le public jugera, en supposant même, ce que je n'admets pas, que j'eusse eu en 1838 quelques torts à me reprocher, de la loyauté des accusations à l'aide desquelles, après plus de quatre années écoulées, M. Joyau ne craint pas de chercher à flétrir une conduite et un caractère que jusqu'au 20 décembre 1842 il avait trouvés honorables et dignes d'estime.

Je ne suis pas le seul, au surplus, dont M. Joyau mesure les mérites à l'intérêt de sa cause. Si je voulais citer ce que contient le mémoire du 16 mars, relativement à M. Deschambeaux, par exemple, que plus tard et à raison, je me plais à le reconnaître, M. Joyau a voulu protéger (voir sa lettre du 30 octobre 1841), on verrait que la morale de Cotin est tout à fait à son usage, et qu'on est un misérable ou un honnête homme, tour à tour, suivant qu'il vous suppose partisan ou adversaire des opinions qu'il professe lui-même.

(1) Ce n'est pas la seule fois que M. Joyau, par lui *ou les siens*, s'est emparé subrepticement d'actes privés appartenant à des tiers, pour en faire un si honnête usage. Il est des hommes qu'aucune infamie n'arrête dans la satisfaction de leurs passions.

l'avoir indignement dénaturée, la spéculation dont il s'agit? Serait-il, par hasard, d'éclairer le ministère sur ma conduite privée? Mais le ministère sait aussi bien que vous à quoi s'en tenir. Ma participation à cette spéculation a été l'un des faits à l'occasion desquels ma conduite a été soumise à l'examen de la commission instituée auprès du ministère de la marine, pour juger les magistrats des Colonies. Je ne vous dirai pas comment cette commission a prononcé; mais peu de jours après sa décision et le 21 juin 1839, M. le Ministre de la marine m'appelait à faire partie de la commission de législation chargée de rédiger un projet d'organisation judiciaire pour les établissements de l'Inde. Le 22 juillet suivant, une ordonnance royale me rendait les fonctions de procureur du roi à Karikal, dont j'avais été précédemment investi, et enfin, le 23 octobre de la même année, une autre ordonnance royale me nommait conseiller à la Cour, emploi que j'occupe encore aujourd'hui.

Serait-ce l'opinion publique, dans la Colonie, dont vous auriez voulu appeler l'attention sur un fait qu'elle ignore? A Pondichéry, Monsieur, on ne cache rien de sa vie privée; et depuis treize ans que je l'habite, il n'est pas une de mes paroles, pas un de mes actes, bien qu'ils aient été travestis quelquefois, qui ne soient connus de tout le monde! Eh bien, Monsieur, peu après mon retour de France, en 1840, et lors de l'institution d'un Conseil général, au premier tour de scrutin, les notables électeurs m'en nommèrent membre. Le Conseil réuni, dans sa première séance, me nomma son vice-président; et le départ de M. Barret ayant laissé la présidence vacante, le vote unanime de mes collègues m'appela à lui succéder. Leur confiance ne m'a pas abandonné dans les quatre sessions qui ont suivi, et aujourd'hui encore je suis président du Conseil général.

Serait-ce le gouvernement local qu'il vous plaisait d'instruire de ce que vous supposez qu'il ne sait pas? Mais le gouvernement local n'ignore pas ce qui est connu de tout le monde, et je n'ai reçu cependant du chef de l'administration de la justice et du chef de la Colonie que des témoignages de bienveillance et d'estime. Deux fois depuis 1841, M. le Gouverneur a demandé la décoration pour moi, et, par une coïncidence dont je ne saurais trop me féliciter, le courrier qui m'apportait vos injures, m'apportait aussi le ruban de la Légion d'honneur. Un homme qui reçoit ces témoignages réitérés de considération n'est pas sans quelques droits à l'estime publique; et j'ai la confiance, Monsieur, que la diffamation et le mensonge sont impuissants à le flétrir (1)!

J'ai voulu faire du scandale dans l'affaire de M. de Saint-Simon (je ne cite pas, j'analyse), à l'occasion de laquelle vous avez montré un si haut sentiment des convenances! J'ai été contrarié de la trêve obtenue par vous des journaux, tant j'étais avide de ce scandale qui vous fait horreur! J'ai enfin écrit avec virulence, sous le voile de l'anonyme, pour lequel vous vous sentez une invincible aversion, tandis que, de votre côté, vous avez toujours agi avec une touchante franchise, avec une loyauté parfaite; vous n'avez rien écrit que vous n'ayez signé, et vous avez été peiné d'apprendre que je faisais autrement. Cela même vous a induit à mettre beaucoup de réserve dans vos relations avec moi, etc., etc. (Pages 27 et suivantes du libelle.)

Comme tout cela est édifiant de la part d'un homme qui, ainsi qu'on a pu le voir précédemment, ne se permet jamais la moindre altération de la vérité, et n'attaque ses adversaires qu'à l'aide de moyens que ne désavouerait pas la plus scrupuleuse délicatesse! Vous offrez, Monsieur, de faire attester les faits que vous avancez, dans le bureau *du journal en question*; je ne connais pas ce jour-

---

(1) Depuis que ces lignes sont écrites, un arrêté local m'a confié la présidence provisoire de la Cour.

nal, et vous pourriez, au surplus, faire attester beaucoup de choses ! Je ne doute pas que vous n'ayez à votre disposition un ou
deux témoins aussi véridiques que vous ; de l'altération des faits,
de la falsification des écrits à la subornation d'un témoin , la dis-
tance n'est pas grande. Mais je donne à vos témoins et à vous le
démenti le plus formel sur tout ce qui sera contraire à ce que je
vais dire. Le jour où vous vous étiez présenté chez l'amiral Duperré , la pétition des habitants de Pondichéry à la main en forme
de menace , je m'étais, de mon côté et seulement quelques heures
plus tard , rendu dans les bureaux du ministère, et là il me fut
dit par un fonctionnaire d'un grade très-élevé , en présence d'un
ancien ministre de la marine , dont le témoignage vaut bien ceux
que vous pouvez invoquer, ces propres paroles : « Il y a ici un
« mauvais avocat de Caen , fort intrigant de son métier , qui s'a-
« gite et ameute les journaux , menaçant sans cesse de faire du
« scandale ; si l'on veut que le gouvernement se rende aux justes
« réclamations des habitants de Pondichéry, dites donc à M. Joyau
« de se taire et de faire taire ses journaux : le gouvernement ne
« peut paraître avoir la main forcée. »

Je m'acquittai de ma commission le soir même, et ce fut alors,
et sans doute aussi sur les observations de M. l'amiral Duperré,
que vous vous décidâtes à inviter les journaux auxquels vous aviez
distribué leurs rôles, à suspendre les attaques; à suspendre, entendez-vous, car votre mot d'ordre était, et j'en ai la preuve écrite
de votre main: *Trêve jusqu'aux jours qui précéderont la discussion
du budget de la marine;* et alors vous êtes parti pour Caen , laissant toutes vos armes à Paris, et prêt à revenir, ainsi que vous me
l'écriviez , si , à l'époque dite, M. de Saint-Simon n'avait pas un
successeur.

Je lis dans votre libelle que vous avez tenu ce langage aux
rédacteurs des journaux : « Je vous remercie du zèle que vous avez
« mis à publier les griefs sans nombre des malheureux Pondi-

(40)

« chériens; mais j'espère arriver pacifiquement au redressement
« des torts: pour cela, une suspension complète d'hostilités
« pendant deux mois m'est nécessaire ; accordez-la-moi. »
Et vous en concluez que vous étiez étranger aux publications
dont il s'agissait d'arrêter le cours. Eh! qui donc, Monsieur, s'il
vous plaît, les faisait faire ces publications, si ce n'est vous et
M. votre fils? Ne vous en êtes-vous pas fait un mérite auprès de
ceux qui vous avaient donné le mandat, non pas précisément
gratuit, de combattre l'administration de M. de Saint-Simon?
Qui donc était muni des plaintes des malheureux Pondichériens
et des pièces à l'appui? Qui donc vous eût donné cette facilité
à obtenir le silence de tous les journaux, si ce n'eût été vous qui
les eussiez fait parler? J'ai là, dans mon bureau, vingt numéros
de journaux qui contiennent des articles émanés de vous et de
votre fils, et qui ne sont signés de personne, malgré votre invincible aversion de l'anonyme (1). Et à qui espérez-vous en faire
accroire avec votre sainte horreur du scandale, horreur dont vos
brochures diffamatoires, et notamment celle à laquelle je suis
condamné à répondre, sont un si touchant témoignage? Ne serait-ce donc pas vous, par hasard, qui m'auriez si instamment
prié de vous suivre chez un honorable député d'une des grandes
villes du Midi, chargé par vous de révéler à la tribune les actes
de l'administration de Pondichéry, afin que je pusse aider aux
renseignements qui vous manquaient? Ne serait-ce pas vous qui,
dans le même but, auriez remis toutes les pièces que vous aviez

---

(1) A propos d'articles anonymes, M. Joyau aurait-il oublié un article ayant pour
titre : *Comédie de quinze ans,* si je me le rappelle bien, imprimé dans les journaux de
Madras, et renfermant contre la dynastie et le gouvernement de Sa Majesté Louis Phi-
lippe des imputations telles, que ce fut à grand' peine qu'on obtint du chef du parquet
d'alors de ne pas poursuivre le jeune magistrat que tout le monde en savait l'auteur,
bien que, malgré une aversion de famille pour l'anonyme, il ne l'eût pas signé ?

reçues de l'Inde, à un membre illustre de l'opposition, des mains duquel, quand tout a été consommé, je les ai retirées moi-même pour les rendre à votre correspondant? Vous ne vouliez pas de scandale! Allons, Monsieur, c'est une dérision! Tout le monde sait que telles sont vos voies; et si vous n'en avez pas fait davantage dans cette circonstance, c'est qu'avant tout il fallait réussir, et qu'on vous avait signifié qu'on n'obéirait pas à vos menaces.

Quant à moi, je n'ai jamais écrit de ma vie une seule ligne dans aucun journal; j'ai, il est vrai, à l'occasion de M. de Saint-Simon, et je ne l'ai jamais nié, même à ceux qui pouvaient avoir à s'en plaindre, donné aux journaux quelques arrêtés, quelques arrêts de la Cour de Pondichéry, et des notes explicatives à l'aide desquelles ont été rédigés deux ou trois articles, dont l'un des résultats a été de rectifier les erreurs qui s'étaient *glissées* dans les vôtres. Je ne devais pas, d'ailleurs, de grands ménagements à M. de Saint-Simon, qui avait brisé ma carrière et porté le désordre dans toute la magistrature de l'Inde; et toutefois, après l'avoir prévenu, par écrit, que je me plaindrais par la voie de la presse, des actes de son administration, je ne me suis pourtant permis de parler que de ceux dont j'avais une connaissance personnelle et dont je pouvais garantir l'authenticité, n'ayant rien tant à cœur, dans une accusation, quelle qu'elle puisse être, que de rester dans les limites de la plus stricte vérité. C'est là, Monsieur, un scrupule qui vous a rarement agité, comme chacun a pu s'en convaincre; mais tout le monde n'a pas, pour mettre sa conscience à l'aise, les principes de l'école à laquelle vous appartenez.

Maintenant, descendrai-je dans l'arène pour repousser vos insultes à mes collègues? vos insultes à la Colonie tout entière? Eh quoi! Monsieur, l'on est un intrigant, un brouillon ou une dupe (page 32 du libelle), parce qu'on n'a pas une foi aveugle en votre omni-science, en votre influence personnelle; parce qu'on vous invite à abandonner à d'autres mains des intérêts que vous compromettez, des fonctions que vous ne savez pas remplir! La Colonie n'est pas mûre pour l'institution qu'elle a reçue, parce qu'elle n'éprouve pas une vive gratitude de ce que, pendant deux années de gestion, vous n'avez rien fait pour elle! parce qu'elle se permet de trouver vos lettres niaises, ridicules, et vos brochures diffamatoires! M. Joyau est son représentant obligé, indispensable: l'institution d'un Conseil général va s'écrouler, parce que M. Joyau se sera plus là pour la défendre! Mais à qui donc, M. Joyau, espérez-vous en imposer avec ce singulier système d'intimidation? Si vous pouviez être de bonne foi, je vous dirais: Que votre tendre sollicitude pour l'avenir de la Colonie se rassure, votre importance n'est pas telle que vous vous plaisez à le croire, et vous pouvez faire retraite sans que la chose publique soit menacée de périr. Mais, Monsieur, vous jouez la comédie, et tout cela est, en vérité, trop ridicule pour qu'on s'arrête à y répondre sérieusement.

Jusqu'à présent, Monsieur, je me suis défendu contre vos attaques en homme privé, qui tient à se justifier aux yeux de ceux près desquels on l'accuse, et j'espère n'avoir laissé, dans l'esprit de personne, de doutes sur le mérite de vos imputations; qu'il me soit permis, avant de quitter la plume, de dire quelques mots de la question constitutionnelle que soulève votre protestation du 1er mai, contre un vote du Conseil général. L'ordonnance du 23 juillet 1840 (art. 111 et 116) définit les attributions du Conseil général et du délégué; relativement au Conseil, le délégué n'est qu'un mandataire chargé de suivre, auprès du gouvernement de la métropole, l'effet des délibérations et des vœux de ceux qui l'ont élu. Le Conseil, en nommant un délégué, ne fait point les fonctions d'un collége électoral, ainsi que vous le prétendez, Monsieur; car un collége électoral ne délibère pas et nomme un député qui délibère et vote, tandis que le Conseil général de la Colonie délibère et vote, et nomme un délégué qui ne délibère pas. Quand le collége électoral a nommé un député, sa mission est finie; quand le Conseil général a nommé un délégué, la sienne est commencée à peine. La nomination d'un député constitue l'unique attribution d'un collége électoral; la nomination du délégué, à part le mérite du choix, n'est que la partie la moins importante des attributions du Conseil; et cette distinction est si vraie, que si le Conseil général se dissolvait après la nomination du délégué, comme le collége électoral se dissout après la nomination du député, le délégué ne serait plus qu'une lettre morte, un agent stérile, un mandataire sans mandat à remplir! Le député, Monsieur, vote suivant son libre arbitre; sa voix compte dans l'urne : celle du délégué, au contraire, ne peut se faire entendre que pour donner des renseignements et faire valoir des vœux qui ne sont pas les siens, des vœux qu'il est chargé de défendre, fussent-ils opposés à sa manière de voir. Ces principes élémentaires, que vous contestez aujourd'hui, parce qu'il vous semblerait doux et commode de ne relever de personne et d'absorber au profit du délégué toute la valeur du Conseil dont il tient ses pouvoirs, vous les avez vingt fois reconnus dans votre correspondance; et qu'importe d'ailleurs : ne ressortent-ils pas clairs comme le jour de la nature des choses? Le délégué est le mandataire du Conseil, et à ce titre lui doit compte de son mandat. Le Conseil peut examiner la gestion de son mandataire, la critiquer, la blâmer, la condamner. Le Conseil ne sort pas de ses attributions légitimes en signifiant au délégué qu'il n'a plus sa confiance. Le délégué peut, il est vrai, malgré le Conseil, et c'est là, peut-être, une lacune de notre législation (1), conserver ses

----

(1) Cette lacune, que la crainte de compromettre la stabilité de certains pouvoirs, a peut-être empêché de combler, pourrait avoir de bien fâcheuses conséquences. Je suppose que le choix du délégué fût le produit d'une erreur grave; que le délégué, sans

fonctions jusqu'à la dissolution du Conseil, ou l'expiration des cinq années de son existence légale; mais entre lui et un mandataire ordinaire il n'existe aucune autre différence. Frappé par une délibération qu'il juge mal fondée, le délégué peut se plaindre et chercher à se justifier, mais non par une protestation publique, car la délibération qui le concerne n'a pas été publique elle-même. Sa justification doit parvenir au Conseil, lorsqu'il croit convenable de lui en adresser une, non au moyen de la presse, mais par les voies officielles et régulières. Admettre, Monsieur, qu'un délégué a le droit, dans un libelle répandu à profusion dans le public, de diffamer, à l'occasion des délibérations de ceux dont il tient ses pouvoirs, parce qu'il n'est pas satisfait de ces délibérations, les membres du Conseil qui y ont pris part, c'est admettre le renversement de toutes les idées de constitution et d'ordre public. Le vote du 11 janvier n'a été que l'exercice plein de modération des droits du Conseil; votre publication du 1er mai en a été une violation scandaleuse. Et maintenant si j'ajoute que cette publication a été une insulte sans pudeur à ceux dont vous devez respecter les actes; si j'ajoute que cette insulte, déversée particulièrement sur le membre du Conseil qui a émis une proposition relative à votre gestion, mais que vous avez eu soin de rendre commune à la majorité qui l'avait accueillie, et

---

allusion aucune à la cause actuelle, fût reconnu après sa nomination, et pour mettre les choses au pire, un misérable ou un imbécile, ou même tous les deux à la fois, ne serait-il pas exorbitant qu'alors que le Conseil a jugé ne pouvoir plus marcher avec lui, il suffît au délégué de dire : Je reste, pour que la colonie fût obligée de le subir pendan cinq ans encore; et cependant quel remède appliquer au mal, puisque dans l'état de la législation un vote de non confiance ne suffit pas? La dissolution? Mais la dissolution n'est pas à la disposition du Conseil. Elle peut être refusée, et peut aussi, dans certains cas, présenter des inconvénients réels. Serait-il bien dangereux que le Conseil, dont le ministère peut toujours arrêter les écarts par une dissolution, fût investi de son côté du pouvoir de mettre un terme aux écarts de son mandataire? Je ne le pense pas.

par conséquent à tout le Conseil, n'a été basée que sur des citations fausses, des altérations de pièces, d'indignes calomnies ; si j'ajoute qu'à l'aide des plus vils mensonges, à l'aide de documents frauduleusement soustraits, au mépris des règles les plus vulgaires de la probité, vous avez voulu flétrir, non pas seulement les actes publics, mais les actes de la vie privée de celui qui ne vous avait attaqué que politiquement et dans la limite constitutionnelle de ses droits, alors, Monsieur, peut-être serez-vous embarrassé, vous-même, pour donner un nom à une agression du genre de la vôtre !

Au surplus, la lutte engagée entre vous et le Conseil ne saurait se prolonger longtemps encore, et j'en attends l'issue avec confiance ; car, Monsieur, soyez-en sûr, il ne se trouvera pas dans les établissements français de l'Inde dix hommes assez peu soucieux de la dignité de la représentation coloniale pour vous accepter comme délégué, après votre brutale protestation du 1er mai. Car, Monsieur, un pays, si peu mûr que vous le supposiez pour les institutions constitutionnelles, ne solde pas un mandataire pour insulter ses représentants ; et quand il reçoit un défi tel que celui que vous avez osé lui jeter à la face, il le relève et y répond par une condamnation dont on appelle en vain.

Maintenant, Monsieur, je me retire de la lice et pour n'y plus rentrer. A vous la diffamation, la calomnie, l'outrage ! Vous avez le champ libre ! Obéissez à votre nature ! Mais à vous aussi le mépris ; car à vos attaques, quelles qu'elles puissent être, le mépris sera désormais mon unique réponse.

P. DE ROSIÈRE,

Conseiller à la Cour royale, chevalier de la Légion d'honneur, président
du Conseil général des établissements français dans l'Inde.

Pondichéry, 8 juillet 1843.

PARIS. — TYPOGRAPHIE DE FIRMIN DIDOT FRÈRES, RUE JACOB, 56.

www.ingramcontent.com/pod-product-compliance
Lightning Source LLC
Chambersburg PA
CBHW051727050726
47598CB00003B/1086